Die Schulausgabe erscheint unter dem Titel:
„Julia ruft 112 – Eine Feriengeschichte,
Schulausgabe – Gesamtpaket"
© 2004 Kinderbrücke Allgäu e.V.

Die vom bayerischen Kultusministerium für Schulen
zugelassene Schulausgabe kann unter folgender
Adresse bestellt werden:

Kinderbrücke Allgäu e.V.
Postfach 1138
88168 Weiler i. A.

1. Auflage 2005
© der Buchhandelsausgabe
Edition Bücherbär im Arena Verlag GmbH
Würzburg 2005
Alle Rechte vorbehalten
Text und Illustration: Uli Waas
Konzeption Memospiel: Martina Patzer
Lied: Thomas Novy
Gesamtherstellung: Westermann Druck GmbH
3-401-08819-X

www.arena-verlag.de

Uli Waas

1–1–2, Hilfe kommt herbei

Hilfe holen mit der Notrufnummer

Wie verhalte ich mich richtig bei einem Notfall?

Auch die wohlbehütetsten Kinder können in eine Situation geraten, in der sie darauf angewiesen sind, zu wissen, woher sie Hilfe bekommen, wenn die Eltern gerade nicht verfügbar sind.
Selbst Erwachsene reagieren oft hilflos, wenn sie plötzlich einer Notsituation gegenüberstehen.
Die Telefonnummer „112" wurde zur europaweit gültigen Notrufnummer. In Deutschland kann sie bereits seit 2002 im Notfall gewählt werden.
Diese Vereinheitlichung stellt gerade für Kinder eine große Erleichterung dar. Denn schnelle und professionelle Hilfe ist häufig von lebenswichtiger Bedeutung.

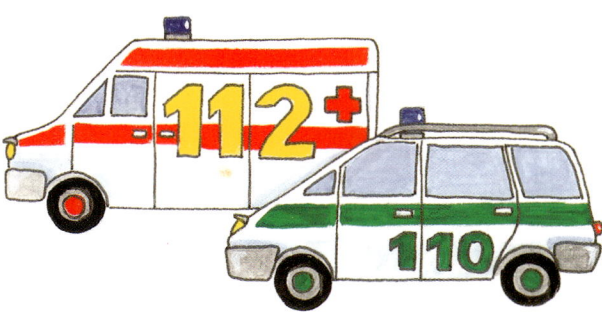

Das richtige Verhalten in einer Notsituation und das Übernehmen von Verantwortung für seine Mitmenschen ist dementsprechend auch schon in Kindergarten und Grundschule ein wichtiges Leitthema der Erziehung.
Dieses Bilderbuch soll hierzu einen Beitrag leisten.
Speziell jüngere Kinder lernen ganzheitlich und betont emotional. Auf diesem Bedürfnis der kindlichen Informationsverarbeitung beruht das Konzept: Die Bilderbuchgeschichte erzählt exemplarisch eine häusliche Notsituation. Julia, die kleine Hauptfigur, muss selbst etwas unternehmen, weil kein Erwachsener in der Nähe ist. Sie reagiert beispielhaft und wählt die Notrufnummer 112. Im folgenden kleinen Dialog werden die entscheidenden Fragen geklärt:

Wer?
Wo?
Was?

Ihr Anruf bewirkt, dass ihrem Bruder schnell medizinische Hilfe zukommt. Das Nachspielen der Telefonszene ermöglicht es den Kindern, die Beantwortung der entscheidenden Fragen einzuüben und speziell über ihren Namen und ihre Adresse Auskunft geben zu können (auch in anderen Fällen, z. B. wenn das Kind sich einmal verläuft, ganz elementares Alltagswissen!).

Der kleine Rap-Song dient dem rhythmischen Einüben der Telefonnummer.

Das Memospiel unterstützt dies auf spielerischer Ebene, indem es den Kindern die Zahlenreihenfolge vermittelt und erklärt, wer in welcher Notsituation hilft: Rettungswagen oder Feuerwehr.

Und das Spielzeughandy mit Soundmodul bietet die Möglichkeit, das Telefonieren interaktiv einzuüben. Das Soundmodul unterstützt die Lösungskontrolle: Nur beim Drücken der richtigen Tastenfolge (1 – 1 – 2 – 📞) erfolgt eine Ansage; ebenso bei 1 – 1 – 0 – 📞 .
Bei allen anderen Tastenkombinationen, die mit 📞 abgeschlossen werden, ertönt das Besetztzeichen.

Begleitend empfiehlt es sich, aktiv mit dem Buch umzugehen, d. h. das Kind die Handlung nacherzählen zu lassen und zu besprechen, welche anderen Möglichkeiten bei einem Notfall zur Verfügung stehen:

– **Elternteil holen**

– **Nachbarn informieren**

– **laut um Hilfe rufen**

Wichtig ist auch der Hinweis, dass dies alles nur echten Notfallsituationen vorbehalten sein soll.
Die im Buch enthaltenen Beispiele (unter „Wer hilft?") und das Spiel bieten wichtige Anhaltspunkte, welche Art von Alltagssituationen damit gemeint sind.

Ziele des Buches

Schon Kindergartenkinder sollten ihre eigene Adresse aufsagen können. Spielerisch werden alle Möglichkeiten des Hilfeholens eingeübt. Durch Julias Geschichte prägen sich die Kinder die europaweit gültige Notrufnummer 112 ein und lernen den sachgerechten Umgang mit dieser Notrufnummer kennen.
Dieses Wissen ermöglicht es den Kindern, in Notsituationen aktiv zu handeln.

Wir wünschen Ihnen und Ihren Kindern alles Gute.

Ihr Arena Verlag

Dieses Wochenende dürfen Tim und Julia
auf dem Land verbringen. Tante Marie hat sie eingeladen
und die beiden freuen sich schon sehr darauf.

Tante Marie wohnt in einem kleinen, alten Haus mit einem großen Garten und vielen Obstbäumen. Hier können Tim und Julia nach Herzenslust herumtoben.
„Wir wünschen euch viel Spaß bei Tante Marie", sagt Mama.
„Den werden wir haben", antwortet Tante Marie.
„Und macht keine Dummheiten", ermahnt Papa.
„Tschüss dann, bis zum Sonntag", rufen Tante Marie, Tim und Julia.
Sie winken, bis Mama und Papa mit dem Auto um die Ecke gebogen sind.

Tim und Julia laufen in den Garten,
um zu spielen. Aus dem Schuppen
holen sie den alten Holzlaster
und den Ball, eine Kiste
und einen Korb.
Da fällt Tante Marie ein, dass sie noch einkaufen wollte.
„Ich muss für ein paar Minuten weg und noch schnell etwas besorgen",
sagt Tante Marie. „Ihr wisst ja, dass ihr nicht auf die Bäume klettern sollt!",
und dabei sieht sie ganz besonders Tim an.
„Na klar, Tante Marie", sagt Tim.
„Wir machen schon keinen Blödsinn", versichert Julia.
Doch kaum ist Tante Marie außer Sichtweite, hat Tim sein Versprechen
schon vergessen und – schwups! – sitzt er auf dem untersten Ast.
„Wir sollen doch nicht hinaufklettern", schimpft Julia.
„Komm rauf", antwortet Tim. „Von hier oben ist die Aussicht super!"
Julia zögert noch, aber am Apfelbaum zu turnen macht doch zu großen Spaß.

Tim hält sich nicht fest. Ganz im Gegenteil,
freihändig turnt er auf dem Baum herum. Und da ist es auch schon
geschehen! Tim fällt herunter und mit ihm jede Menge Äpfel.
Vor Schreck schreit Julia laut auf. Tim liegt im Gras und weint
und wimmert ganz erbärmlich.

„Hast du dir wehgetan?", fragt Julia entsetzt.
„Au, au, au, mein Fuß", jammert Tim.
Was mach ich nur, was mach ich nur?, überlegt Julia verzweifelt.
Angestrengt denkt sie nach: Tim ist verletzt, ich muss Hilfe holen. Am besten gleich den Krankenwagen.

Julia rennt schnell ins Haus zurück.
Sie ist sehr aufgeregt.

Tante Marie hat einen Aufkleber
mit der Notrufnummer
am Telefon angebracht.

Ohne zu zögern wählt Julia die 112.
Zum Glück haben sie das im Kindergarten schon mal geübt.

„Rettungsleitstelle, was kann ich für Sie tun?",
meldet sich eine Stimme am Telefon.

„Tim ist vom Baum gefallen,
ich glaube, er hat sich verletzt",
ruft Julia ins Telefon.
„Er schreit ganz fürchterlich."

„Jetzt mal alles schön der Reihe nach",
sagt der freundliche Mann von der Rettungsleitstelle.

„Zuerst musst du mir bitte ein paar Fragen beantworten.
Wie heißt du?"

„Ich heiße Julia Schubert", antwortet Julia.

„Und wo bist du gerade, Julia?"
„Bei Tante Marie", sagt Julia.

„Kennst du die Adresse deiner Tante?", fragt der Mann von
der Rettungsleitstelle weiter.
In ihrer Aufregung muss Julia erst überlegen, wo Tante Marie wohnt.
„In der Kuckucksstraße 1 in Waldhausen", fällt es Julia ein,
die die Adresse immer schon lustig gefunden hat.

„Dann erzähl jetzt bitte, was genau passiert ist."
Und Julia erzählt die ganze Geschichte.
„Gut, Julia, du gehst jetzt in den Garten zurück
und bleibst bei deinem Bruder. Ich schicke
sofort einen Krankenwagen los",
sagt der Mann von der Rettungsleitstelle.
Nun ist Julia beruhigt und mit Tim wartet sie
auf den Krankenwagen.

Der Krankenwagen trifft kurz
nach Julias Anruf ein.
Zwei Sanitäter versorgen Tim.
Sein Bein wird vorsorglich geschient.
Tim hat große Schmerzen.
Herr Huber, der Nachbar von Tante Marie,
kommt und fragt, ob er helfen kann. Aber das hat Julia
ja schon erledigt. „Das hast du wirklich prima gemacht",
lobt einer der Sanitäter Julia.
Und nun trifft auch Tante Marie ein.
„Ach du meine Güte, was ist denn hier passiert?", ruft Tante Marie
entsetzt, als sie Tim auf dem Boden liegen sieht. „Ich muss sofort
eure Eltern anrufen", sagt sie und läuft eilig ins Haus.
Und dann geht es im Krankenwagen
in die Klinik.

Tims Bein ist gebrochen. Genauer gesagt, sein Unterschenkel.
Er bekommt einen Gipsverband und wird ein paar Tage im Krankenhaus bleiben müssen.
Mittlerweile sind auch Tims und Julias Eltern eingetroffen.
„Ja, was macht ihr denn für Sachen?", fragt Mama ihre beiden.
Für Julia haben sie zur Belohnung ein Spiel mitgebracht.
„Das hast du wirklich sehr gut gemacht, Julia", sagt Mama.

„Es freut uns sehr, dass du so gut reagiert hast", fügt Papa hinzu.
„Und du, mein Sohn, hast ja noch mal Glück im Unglück gehabt",
brummelt Papa. „Es hätte ja noch Schlimmeres passieren können."
„Es tut mir Leid", sagt Tim kleinlaut.
Und dann muss Tim allen seinen Gipsverband zeigen.
Dabei weiß er nicht so recht, ob er weinen oder lieber lachen soll.

1–1–2, Hilfe kommt herbei

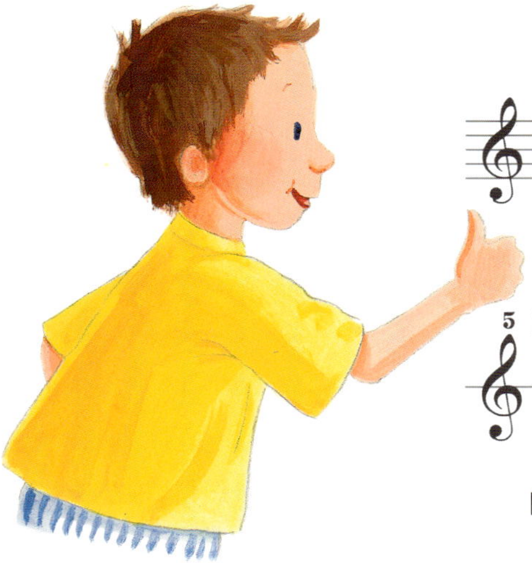

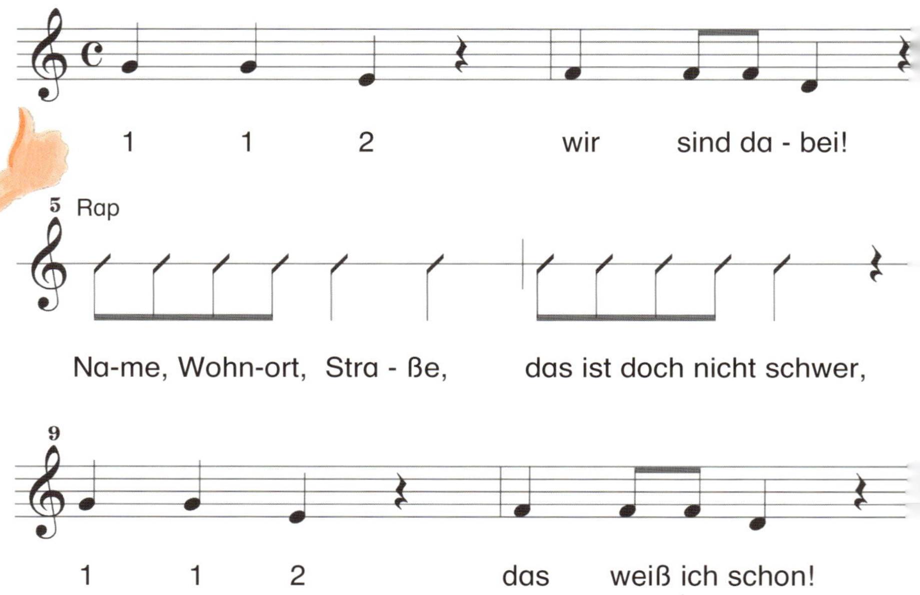

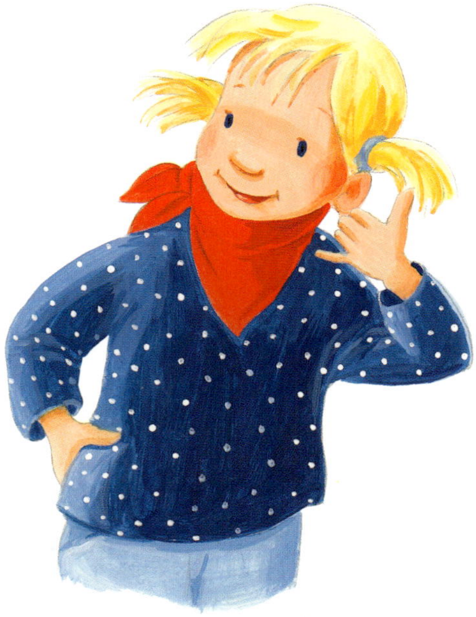

1   1   2   wir sind da - bei!

Rap: Na-me, Wohn-ort, Stra - ße,   das ist doch nicht schwer,

1   1   2   das weiß ich schon!

112

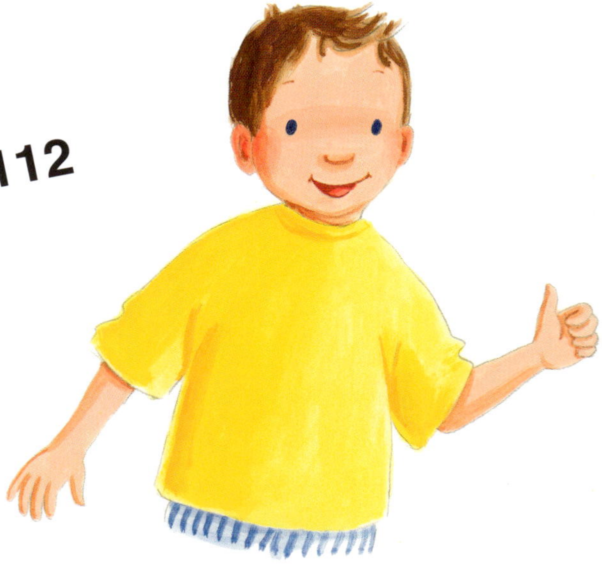

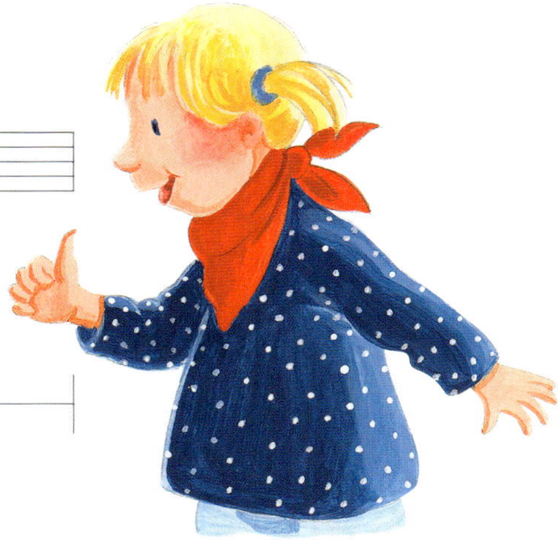

Text und Musik: Thomas Novy

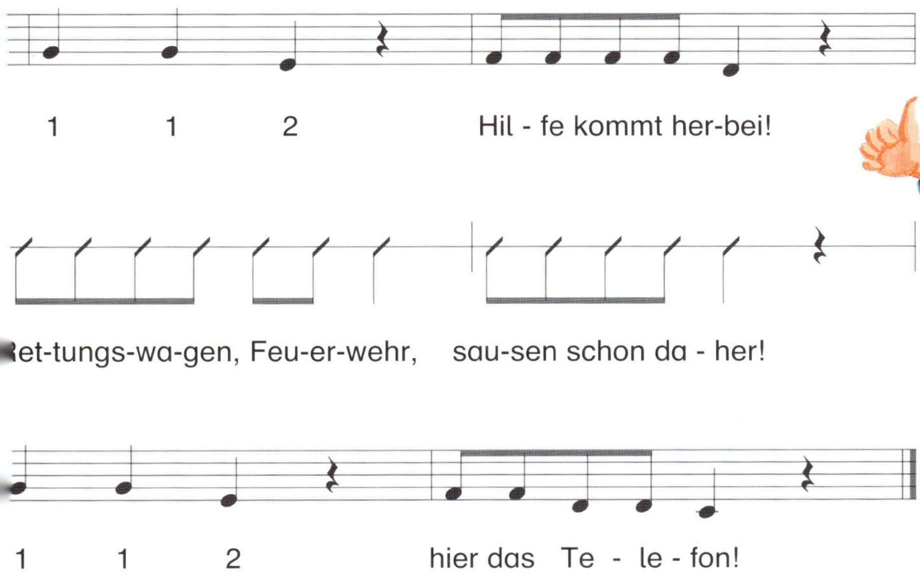

1 1 2   Hil - fe kommt her-bei!

Ret-tungs-wa-gen, Feu-er-wehr, sau-sen schon da - her!

1 1 2   hier das Te - le - fon!

112

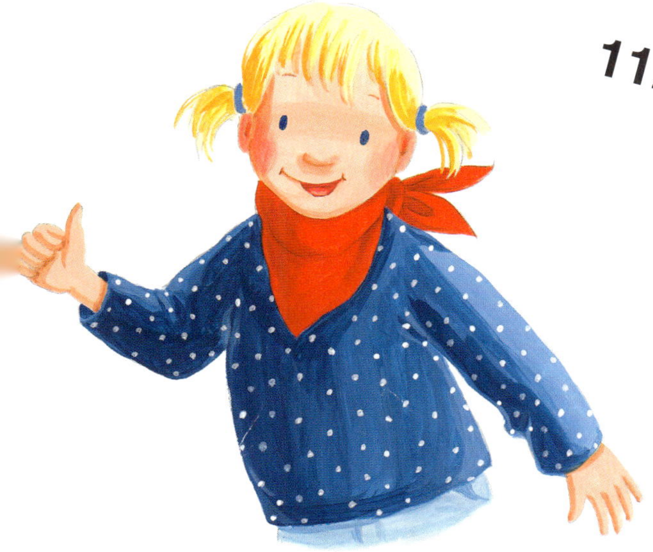

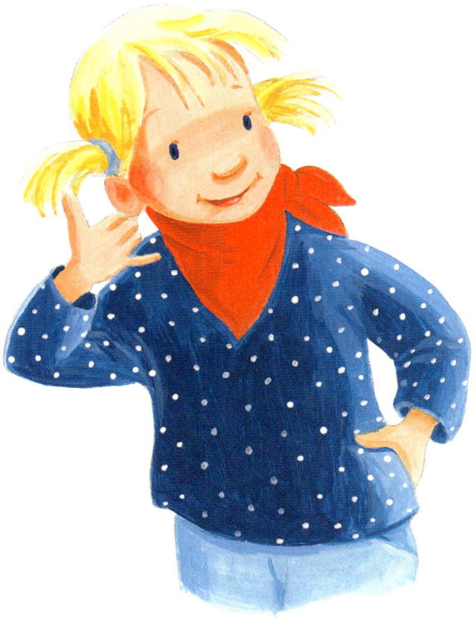

Wer hilft?

Es gibt verschiedene Notfälle, aber wählt man die 112, kommt immer Hilfe – ob Rettungswagen oder Feuerwehr.

Die kleine Minka ist auf das Dach geklettert. Und jetzt traut sie sich nicht mehr herunter.
Die Feuerwehr hilft.

Paulchen will schauen, was es heute zu essen gibt. Ein Topf fällt um und die heiße Soße verbrüht Paulchen die Hand.
Der Rettungswagen hilft.

Anja ist mit ihrem Roller zu schnell gefahren. An der roten Ampel kann sie nicht mehr rechtzeitig bremsen und fällt böse hin.
Der Rettungswagen hilft.

Die Nachbarin hat vergessen, ihre Kerze auszupusten. Der Wind weht den Vorhang dagegen und er fängt an zu brennen.
Die Feuerwehr hilft.

Opa Mayer wollte sich Badewasser in die Wanne laufen lassen, hat aber vergessen, den Hahn abzudrehen. Bald steht die halbe Wohnung unter Wasser.
Die Feuerwehr hilft.

Philipp hat ein Nest mit wilden Bienen entdeckt. Als er sich neugierig nähert, wird er von ganz vielen Bienen gestochen.
Der Rettungswagen hilft.

Wer hilft? – Das Memospiel

Das Spiel:
48 Spielkarten zum Ausschneiden

Anleitung:
Ab 3 Jahren
2-4 Mitspieler

Spielvorbereitung:
Die Kärtchen mit Julia auf der Rückseite aussortieren,
gut mischen und gleichmäßig an die Mitspieler verteilen.
Diese legen sie offen vor sich hin.
Die restlichen 36 Kärtchen werden in 6 Sechserreihen
verdeckt auf den Tisch gelegt.

Spielregeln:
Gespielt wird im Uhrzeigersinn. Der jüngste Spieler beginnt.
Er darf eine der verdeckten Karten umdrehen. Passt sie zu der
Rahmenfarbe einer seiner Quartettkarten, darf er sie behalten.
Passt sie nicht, muss er sie verdeckt wieder zurücklegen und
der nächste Spieler ist dran.
Gewonnen hat, wer zuerst seine Quartette vollständig und in der
richtigen Reihenfolge liegen hat.

Spielvariante:
Um das Ganze ein wenig schwieriger zu gestalten, kann es zur Bedingung
gemacht werden, dass die aufgedeckte Quartettkarte nicht nur passen muss,
sondern es auch diejenige sein muss, die in der Bilderfolge die nächste wäre.
Ansonsten muss die Karte trotzdem zurückgelegt werden.